AF188345

Impressum
Verlag: BABADADA GmbH, Nedderfeld 112 , 22529 Hamburg
Geschäftsführer / Verlagsleitung: Harald Hof
Druck: Books on Demand GmbH, In de Tarpen 42, 22848 Norderstedt

Imprint
Publisher: BABADADA GmbH, Nedderfeld 112 , 22529 Hamburg, Germany
Managing Director / Publishing direction: Harald Hof
Print: Books on Demand GmbH, In de Tarpen 42, 22848 Norderstedt, Germany

mokykla

escola

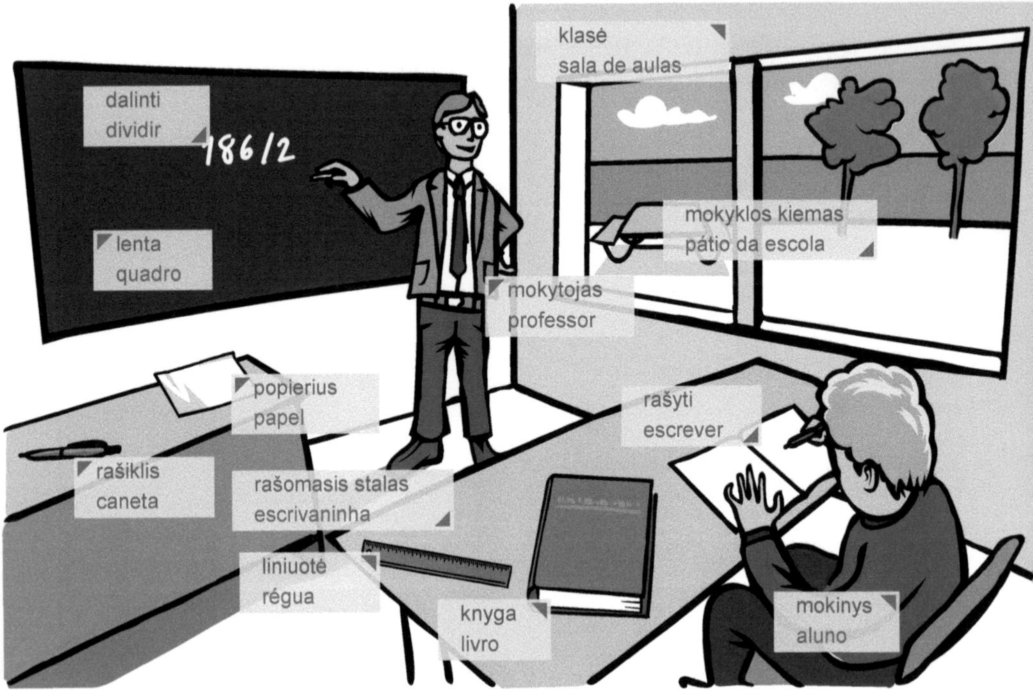
klasė
sala de aulas
dalinti
dividir
186/2
lenta
quadro
mokyklos kiemas
pátio da escola
mokytojas
professor
popierius
papel
rašyti
escrever
rašiklis
caneta
rašomasis stalas
escrivaninha
liniuotė
régua
knyga
livro
mokinys
aluno

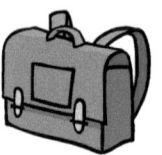

kuprinė

sacola

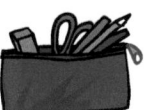

penalas

estojo de lápis

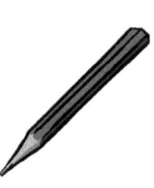

pieštukas

lápis

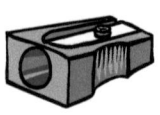

drožtukas

apontador de lápis

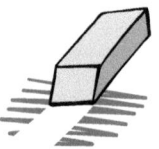

trintukas

borracha

piešimo bloknotas

bloco de desenho

piešinys

desenho

teptukas

pincel

dažų dėžutė

estojo de tintas

žirklės

tesoura

klijai

cola

vadovėlis

livro de exercícios

namų darbai

lição de casa

numeris

número

pridėti

somar

atimti

subtrair

dauginti

multiplicar

skaičiuoti

calcular

raidė

letra

abėcėlė

alfabeto

žodis

palavra

tekstas
....
texto

skaityti
....
ler

kreida
....
giz

pamoka
....
hora

dienynas
....
registro da classe

egzaminas
....
exame

pažymėjimas
....
certificado

mokyklinė uniforma
....
uniforme escolar

išsilavinimas
....
educação

enciklopedija
....
enciclopédia

universitetas
....
universidade

mikroskopas
....
microscópio

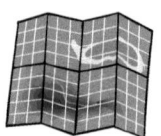

žemėlapis
....
mapa

šiukšliadėžė
....
cesto de lixo

kelionė
viagem

viešbutis
hotel
Grand
svečių namai
albergue
ROOMS
EXCHANGE
valiutos keitykla
casa de câmbio
lagaminas
mala
mašina
carro

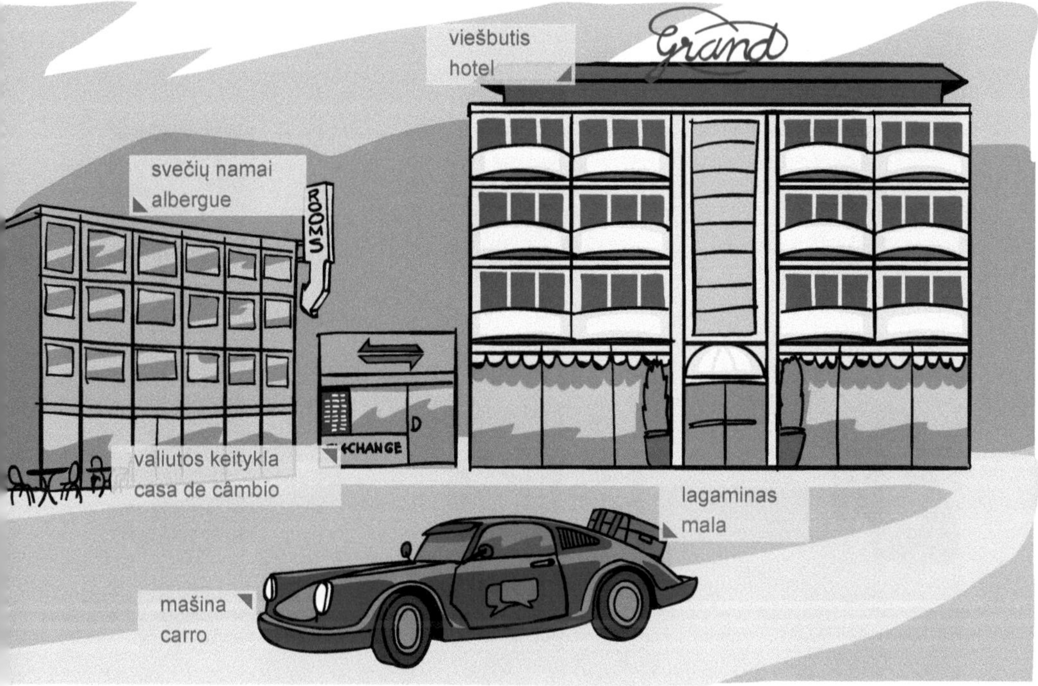

kalba
idioma

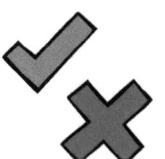

taip / ne
sim / não

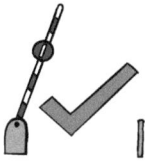

Gerai
ok

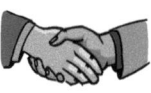

sveiki
Olá

vertėjas raštu
tradutor

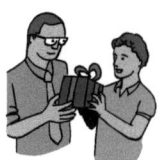

Ačiū
obrigado

kiek kainuoja...?

quanto custa...?

aš nesuprantu

eu não entendo

problema

problema

Labas vakaras!

boa noite!

Labas rytas!

Bom dia!

Labos nakties!

Boa noite!

viso gero

até logo

kryptis

direção

bagažas

bagagem

krepšys

bolsa

kuprinė

mochila

svečias

convidado

kambarys

quarto

miegmaišis

saco de dormir

palapinė

barraca

turizmo informacija

informação turística

paplūdimys

praia

kreditinė kortelė

cartão de crédito

pusryčiai

café da manhã

pietūs

almoço

vakarienė

jantar

bilietas

bilhete

liftas

elevador

pašto ženklas

selo

siena

fronteira

muitinė

alfândega

ambasada

embaixada

viza

visto

pasas

passaporte

transportas
transporte

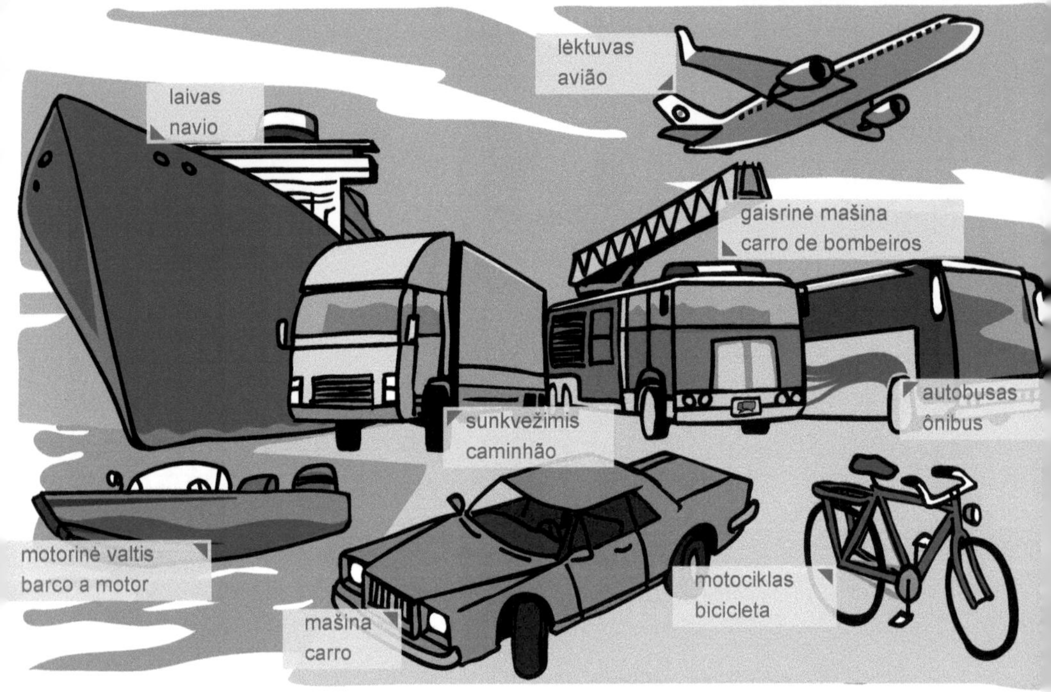
lėktuvas
avião
laivas
navio
gaisrinė mašina
carro de bombeiros
autobusas
ônibus
sunkvežimis
caminhão
motorinė valtis
barco a motor
motociklas
bicicleta
mašina
carro

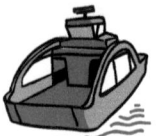

keltas

balsa

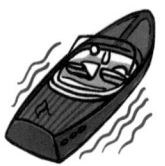

valtis

barco

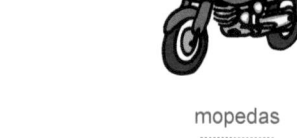

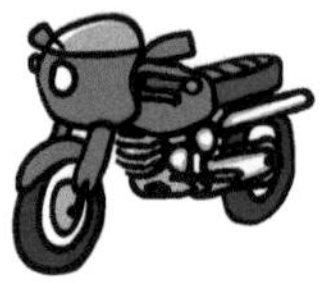

mopedas

motocicleta

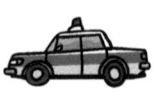

policijos automobilis

veículo policial

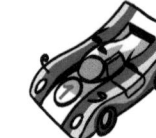

lenktyninis automobilis

carro de corrida

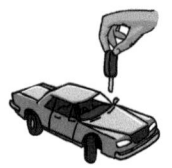

nuomojamas automobilis

carro de aluguel

bendras automobilio
naudojimas
....
compartilhamento de
automóvel

techninės pagalbos
automobilis
....
caminhão de reboque

šiukšliavežė
....
caminhão de lixo

variklis
....
motor

degalai
....
combustível

degalinė
....
posto de gasolina

kelio ženklas
....
placa de trânsito

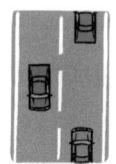

eismas
....
trânsito

eismo spūstis
....
trânsito lento

mašinų stovėjimo aikštelė
....
estacionamento

traukinių stotis
....
estação de trem

bėgiai
....
trilhos

traukinys
....
trem

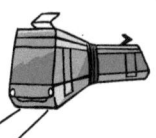

tramvajus
....
bonde

vagonas
....
vagão

sraigtasparnis
helicóptero

oro uostas
aeroporto

bokštas
torre

keleivis
passageiro

konteineris
contêiner

dėžė
cartolina

vežimėlis
carroça

krepšys
cesto

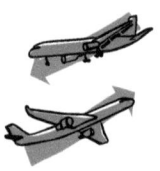

pakilti / nusileisti
decolar / pousar

miestas
cidade

kaimas
vilarejo

miesto centras
centro da cidade

namas
casa

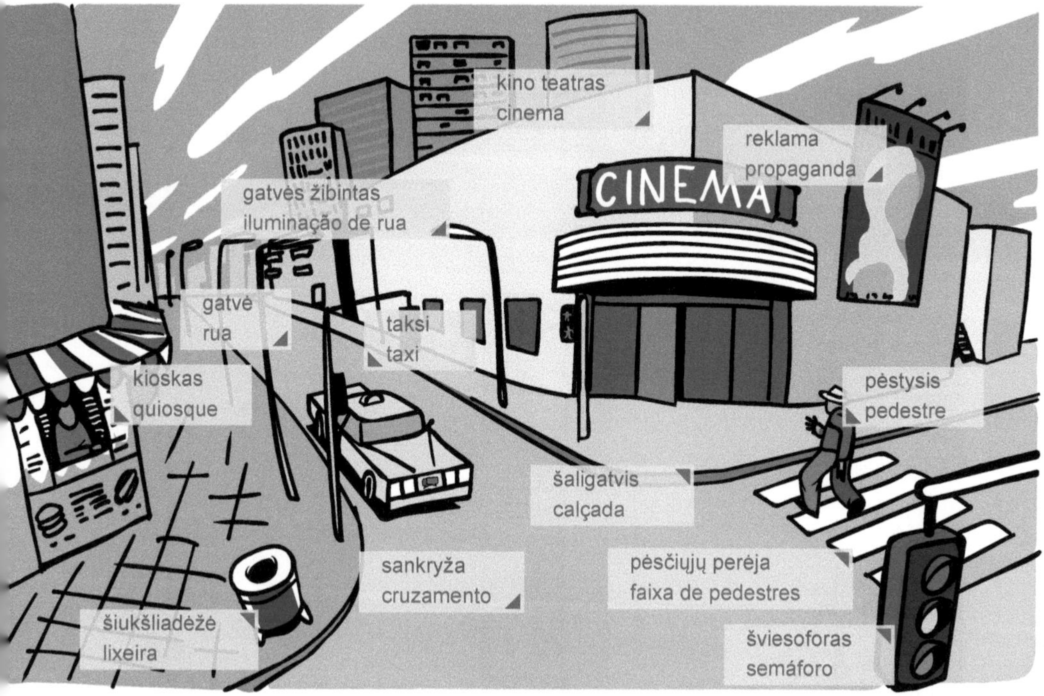
kino teatras
cinema
CINEMA
reklama
propaganda
gatvės žibintas
iluminação de rua
gatvė
rua
taksi
taxi
kioskas
quiosque
pėstysis
pedestre
šaligatvis
calçada
sankryža
cruzamento
pėsčiųjų perėja
faixa de pedestres
šiukšliadėžė
lixeira
šviesoforas
semáforo

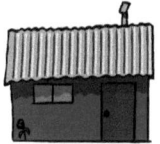

trobelė

cabana

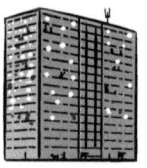

butas

apartamento

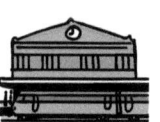

traukinių stotis

estação de trem

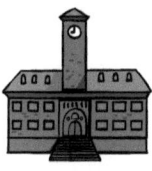

rotušė

prefeitura

MUSEUM

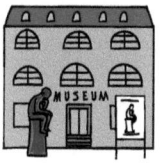

muziejus

museu

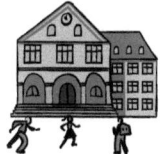

mokykla

escola

universitetas

universidade

bankas

banco

ligoninė

hospital

viešbutis

hotel

vaistinė

farmácia

biuras

escritório

knygynas

livraria

parduotuvė

loja

gėlių parduotuvė

floricultura

prekybos centras

supermercado

turgus

mercado

universalinė parduotuvė

loja de departamentos

žuvies parduotuvė

peixaria

prekybos centras

centro comercial

uostas

porto

parkas
parque

suoliukas
banco

tiltas
ponte

laiptai
escadas

metro
metrô

tunelis
túnel

autobusų stotelė
ponto de ônibus

baras
bar

restoranas
restaurante

lauko pašto dėžutė
caixa de correspondência

kelio ženklas
placa de rua

parkomatas
parquímetro

zoologijos sodas
zoológico

baseinas
piscina

mečetė
mesquita

ūkininko ūkis

fazenda

tarša

poluição

kapinės

cemitério

bažnyčia

igreja

žaidimų aikštelė

parquinho

šventykla

templo

kraštovaizdis
paisagem

lapas
folha

kelio rodyklė
placa de sinalização

kelias
caminho

pieva
gramado

akmuo
pedra

ėjikas
caminhantes

medis
árvore

upė
rio

žolė
grama

gėlė
flor

slėnis

vale

kalva

montanha

ežeras

lago

miškas

floresta

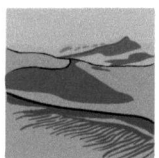

dykuma

deserto

ugnikalnis

vulcão

pilis

castelo

vaivorykštė

arco-íris

grybas

cogumelo

palmė

palmeira

uodas

mosquito

musė

mosca

skruzdėlė

formiga

bitė

abelha

voras

aranha

vabalas

besouro

varlė

sapo

voverė

esquilo

ežys

ouriço

kiškis

lebre

pelėda

coruja

paukštis

pássaro

gulbė

cisne

šernas

javali

elnias

veado

briedis

alce

užtvanka

barragem

vėjo jėgainė

aerogerador

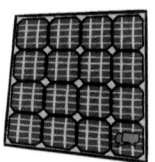

saulės baterija

painel solar

klimatas

clima

restoranas
restaurante

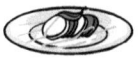

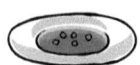

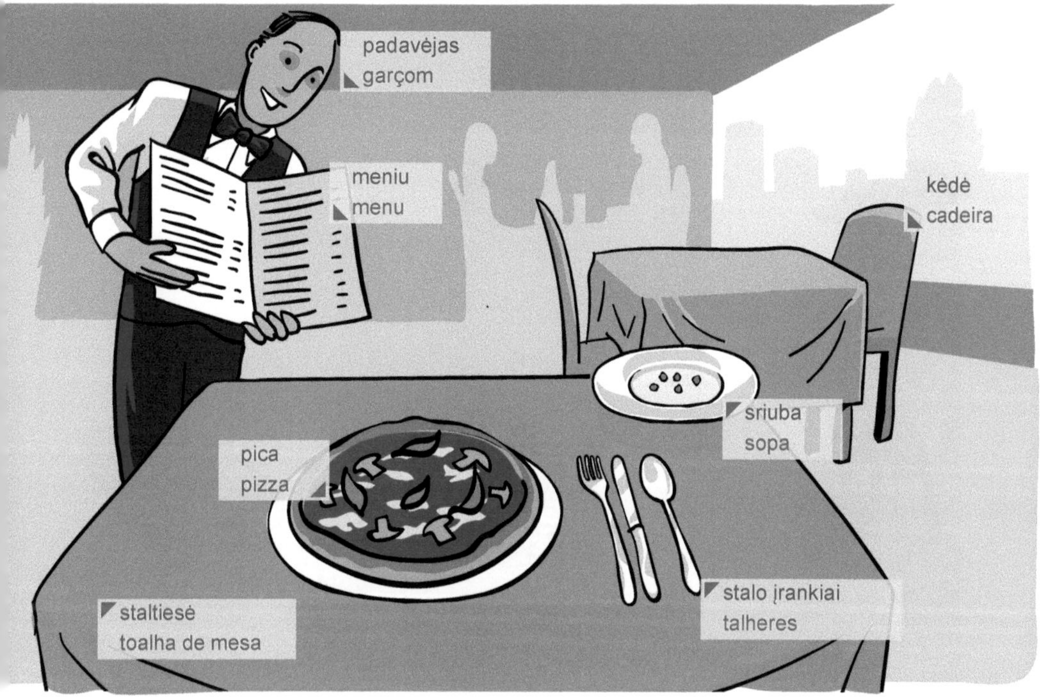
padavėjas
garçom
meniu
menu
kėdė
cadeira
sriuba
sopa
pica
pizza
stalo įrankiai
talheres
staltiesė
toalha de mesa

užkandis

entrada

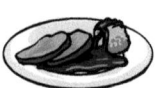

pagrindinis patiekalas

prato principal

desertas

sobremesa

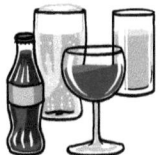

gėrimai

bebidas

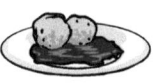

maistas

comida

butelis

garrafa

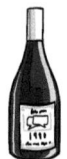

greitai pateikiamas maistas

fastfood

gatvės maistas

comida de rua

arbatinukas

bule de chá

cukrinė

açucareiro

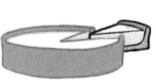

porcija

porção

espreso aparatas

máquina de expresso

aukšta kėdė

cadeirão

sąskaita

conta

padėklas

bandeja

peilis

faca

šakutė

garfo

šaukštas

colher

arbatinis šaukštelis

colher de chá

servetėlė

guardanapo

stiklinė

copo

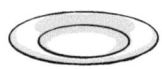

lėkštė
prato

sriubos lėkštė
prato de sopa

padėklas
pires

padažas
molho

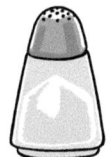

druskinė
saleiro

pipirų malūnėlis
moedor de pimenta

actas
vinagre

aliejus
óleo

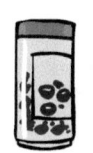

prieskoniai
especiarias

kečupas
ketchup

garstyčios
mostarda

majonezas
maionese

prekybos centras

supermercado

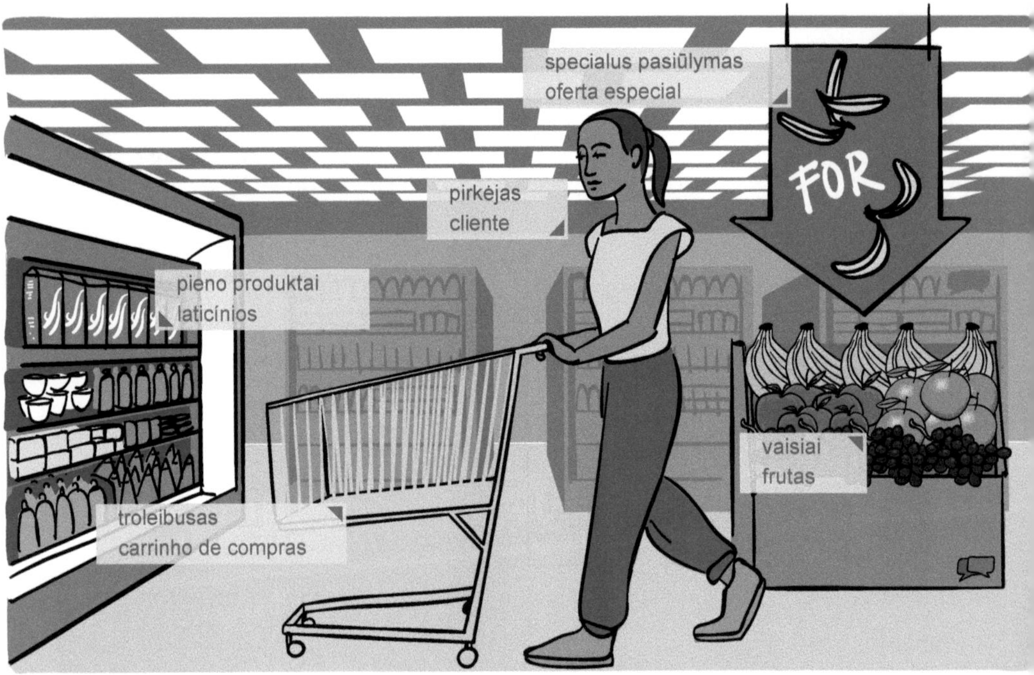

specialus pasiūlymas
oferta especial
FOR
pirkėjas
cliente
pieno produktai
laticínios
vaisiai
frutas
troleibusas
carrinho de compras

BUTCHERS

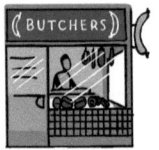

mėsos parduotuvė

açougue

BAKERY

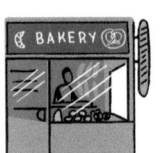

kepykla

padaria

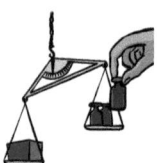

sverti

pesar

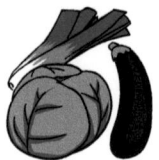

daržovės

legumes

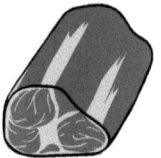

mėsa

carne

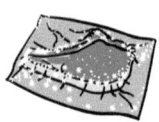

šaldytas maistas

congelados

šalti mėsos užkandžiai

charcutaria

konservai

conservas

skalbimo milteliai

detergente em pó

saldumynai

doces

ūkinės prekės

artigos domésticos

valymo priemonės

produtos de limpeza

pardavėja

vendedora

kasos aparatas

caixa

kasininkas

caixa

pirkinių sąrašas

lista de compras

darbo valandos

horário de funcionamento

piniginė

carteira

kreditinė kortelė

cartão de crédito

maišelis

sacola

plastikinis maišelis

saco plástico

gėrimai
bebidas

vanduo

água

sultys

suco

pienas

leite

kola

coca-cola

vynas

vinho

alus

cerveja

alkoholis

álcool

kakava

cacau

arbata

chá

kava

café

espresas

expresso

kapučinas

cappuccino

bananas
banana

obuolys
maçã

apelsinas
laranja

arbūzas
melão

citrina
limão

morka
cenoura

česnakas
alho

bambukas
bambu

svogūnas
cebola

grybas
cogumelo

riešutai
nozes

makaronai
macarrão

spagečiai

espaguete

ryžiai

arroz

salotos

salada

traškučiai

batatas fritas

keptos bulvės

batatas frias

pica

pizza

mėsainis

hambúrger

sumuštinis

sanduíche

pjausnys

escalope

kumpis

presunto

saliamis

salame

dešrelė

salsicha

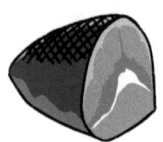

vištiena

galinha

kepsnys

assado

žuvis

peixe

avižų dribsniai

flocos de aveia

dribsniai su priedais

granola

kukurūzų dribsniai

flocos de milho

miltai

farinha

prancūziškasis ragelis

croissant

bandelė

pãozinho

duona

pão

skrebutis

torrada

sausainiai

biscoitos

sviestas

manteiga

varškė

requeijão

tortas

bolo

kiaušinis

ovo

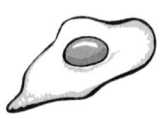

kiaušinienė

ovo frito

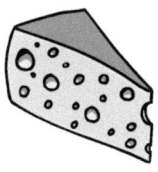

sūris

queijo

ledai

sorvete

cukrus

açúcar

medus

mel

uogienė

geleia

tepamas šokoladas

creme de avelãs

karis

curry

maistas - comida

ūkininko ūkis

fazenda

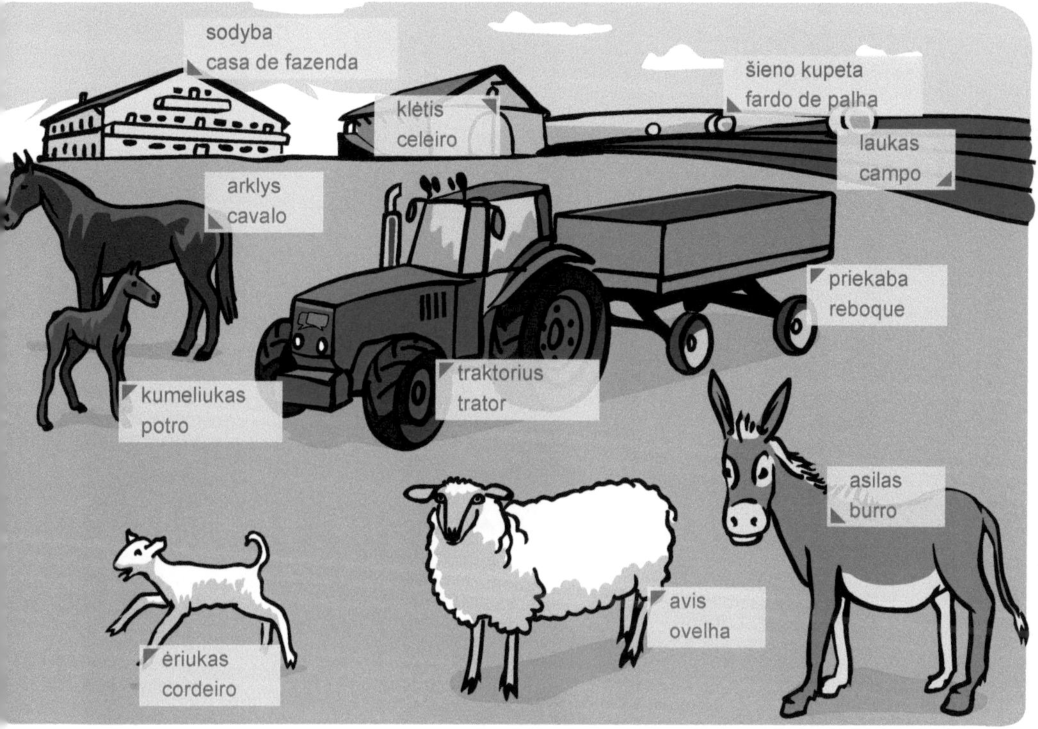
sodyba
casa de fazenda
klėtis
celeiro
šieno kupeta
fardo de palha
laukas
campo
arklys
cavalo
priekaba
reboque
traktorius
trator
kumeliukas
potro
asilas
burro
avis
ovelha
ėriukas
cordeiro

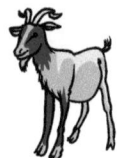

ožys

cabra

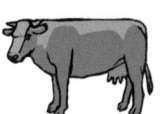

karvė

vaca

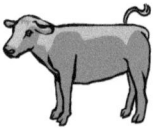

veršis

bezerro

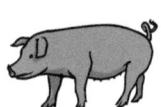

kiaulė

porco

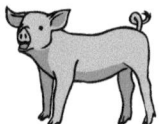

paršelis

leitão

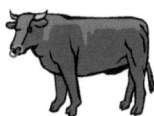

bulius

touro

žąsis

ganso

antis

pato

viščiukas

pintinho

višta

galinha

gaidys

galo

žiurkė

ratazana

katė

gato

pelė

camundongo

jautis

boi

šuo

cachorro

šuns būda

casinha do cachorro

sodo namas

mangueira de jardim

laistytuvas

regador

dalgis

foice

plūgas

arado

pjautuvas

foice

kauptukas

enxada

šakės

forquilha

kirvis

machado

statinė

carrinho de mão

lovys

manjedoura

bidonas

jarra de leite

maišas

saco

tvora

cerca

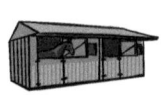

arklidė

estábulo

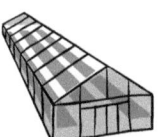

šiltnamis

estufa

dirva

solo

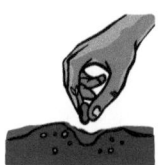

sėkla

semente

trąšos

fertilizante

kombainas

colheitadeira

rinkti

colher

derlius

colheita

saldžiosios bulvės

inhame

kviečiai

trigo

soja

soja

bulvė

batata

kukurūzai

milho

rapsai

colza

vaismedis

árvore frutífera

manijokas

mandioca

grūdai

cereais

namas

casa

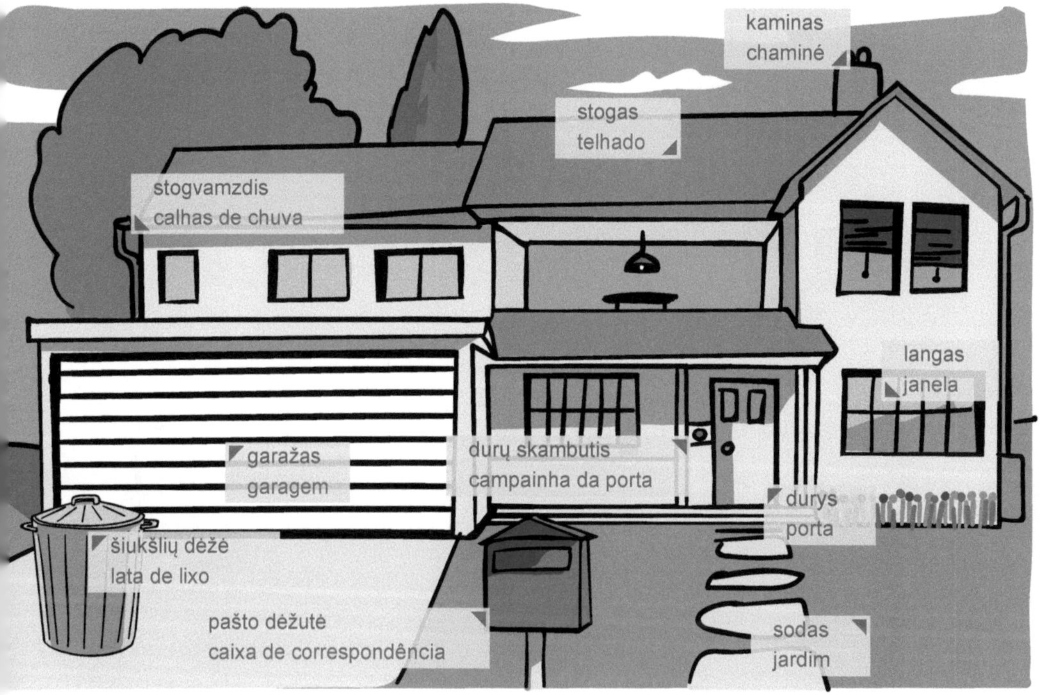

kaminas
chaminé
stogas
telhado
stogvamzdis
calhas de chuva
langas
janela
garažas
garagem
durų skambutis
campainha da porta
durys
porta
šiukšlių dėžė
lata de lixo
pašto dėžutė
caixa de correspondência
sodas
jardim

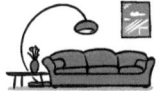

svetainė

sala de estar

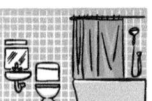

vonios kambarys

banheiro

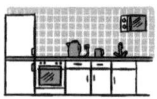

virtuvė

cozinha

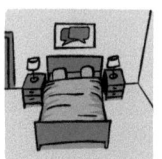

miegamasis

quarto de dormir

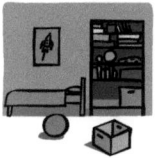

vaiko kambarys

quarto de criança

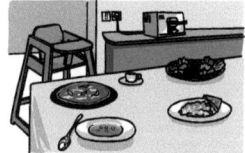

valgomasis

sala de jantar

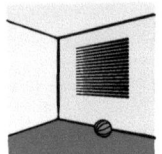

grindys

chão

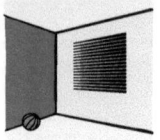

siena

parede

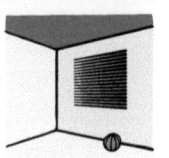

lubos

teto

rūsys

porão

sauna

sauna

balkonas

varanda

terasa

terraço

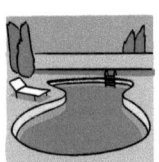

baseinas

piscina

žoliapjovė

cortador de grama

paklodė

lençol

lovatiesė

coberta

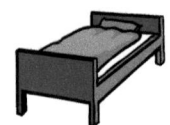

lova

cama

šluota

vassoura

kibiras

balde

jungiklis

interruptor

svetainė
sala de estar

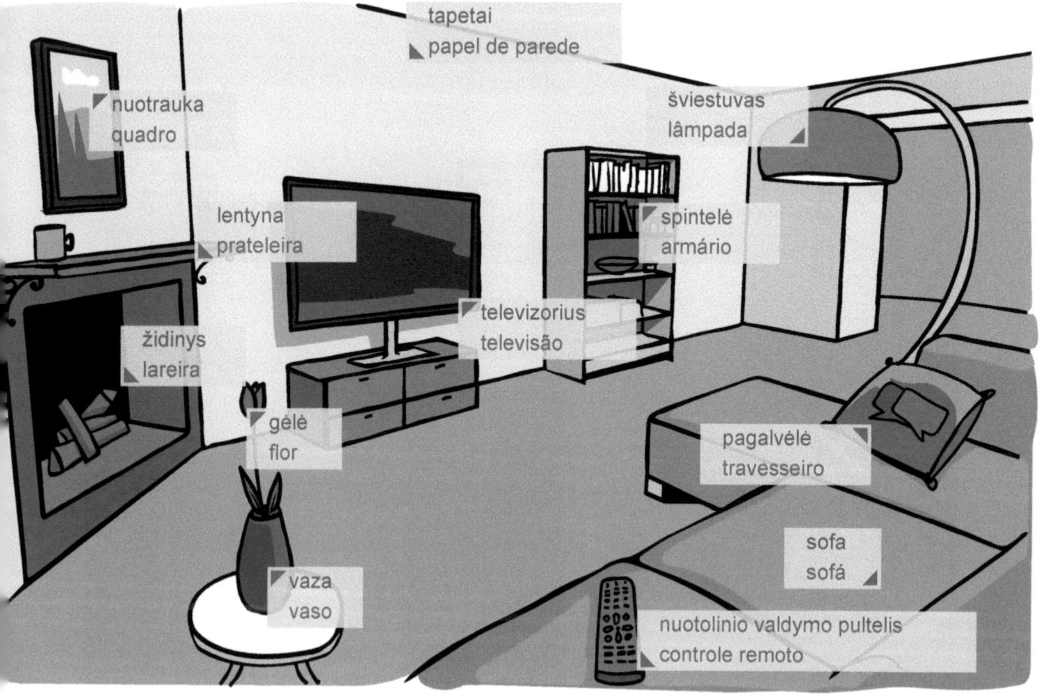

tapetai
papel de parede
nuotrauka
quadro
šviestuvas
lâmpada
lentyna
prateleira
spintelė
armário
televizorius
televisão
židinys
lareira
gėlė
flor
pagalvėlė
travesseiro
sofa
sofá
vaza
vaso
nuotolinio valdymo pultelis
controle remoto

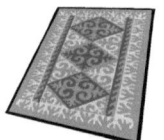

kilimas

tapete

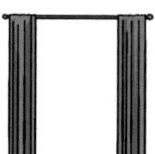

užuolaida

cortina

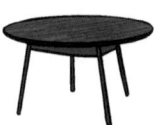

stalas

mesa

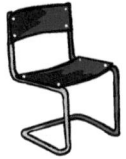

kėdė

cadeira

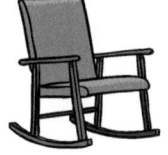

supamasis krėslas

cadeira de balanço

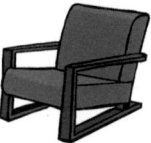

fotelis

poltrona

knyga

livro

antklodė

cobertor

papuošimai

decoração

malkos

lenha

filmas

filme

stereo aparatūra

equipamento de som

raktas

chave

laikraštis

jornal

paveikslas

pintura

plakatas

pôster

radijas

rádio

užrašų knygelė

bloco de notas

dulkių siurblys

aspirador

kaktusas

cacto

žvakė

vela

virtuvė
cozinha

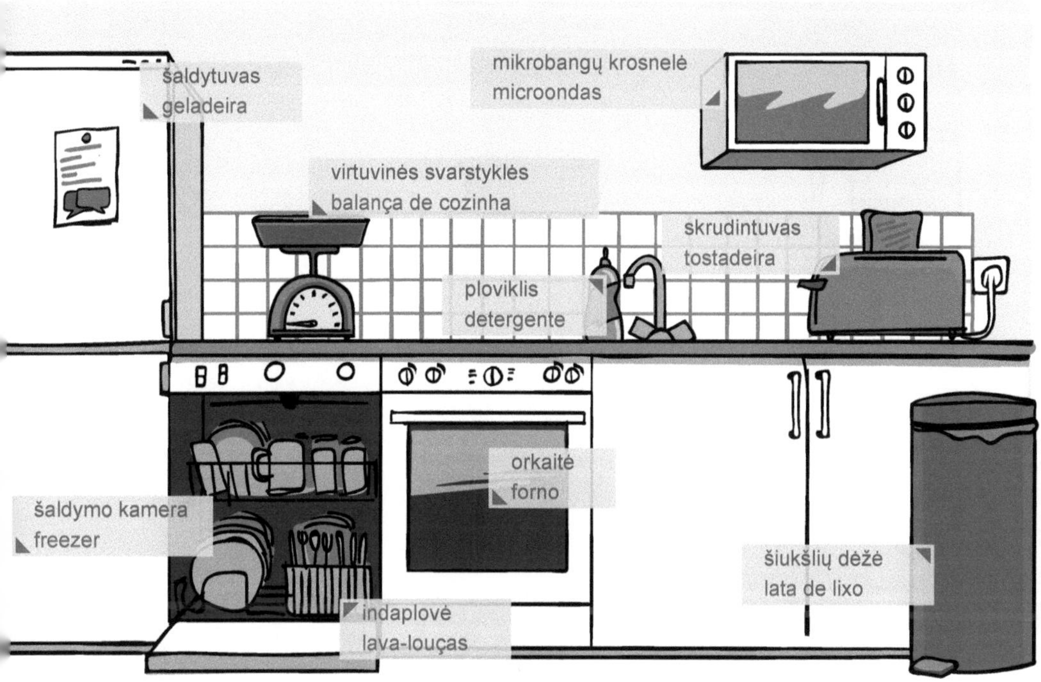

šaldytuvas
geladeira
mikrobangų krosnelė
microondas
virtuvinės svarstyklės
balança de cozinha
skrudintuvas
tostadeira
ploviklis
detergente
orkaitė
forno
šaldymo kamera
freezer
šiukšlių dėžė
lata de lixo
indaplovė
lava-louças

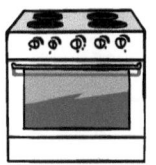

viryklė
fogão

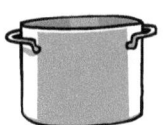

puodas
panela

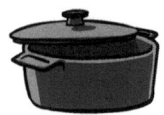

ketaus puodas
panela de ferro

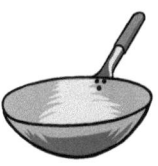

„wok“ keptuvė
wok / kadai

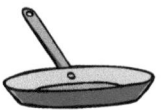

keptuvė
frigideira

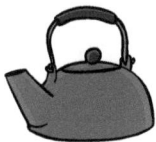

virdulys
chaleira

garų puodas

panela a vapor

kepimo skarda

tabuleiro de forno

porceliano indai

louça

puodelis

caneca

dubuo

caçarola

valgomosios lazdelės

hashi

samtis

concha de sopa

mentelė

espátula

plaktuvas

batedor

koštuvas

escorredor

sietas

peneira

trintuvė

ralador

grūstuvė

almofariz

kepsninė

churrasqueira

atvira liepsna

lareira

pjaustymo lentelė

tábua de cortar

kočėlas

rolo da massa

kamščiatraukis

saca-rolhas

skardinė

lata

skardinių atidarytuvas

abridor de latas

puodkėlė

pegador de panela

kriauklė

pia

šepetys

escova

kempinė

esponja

trintuvas

liquidificador

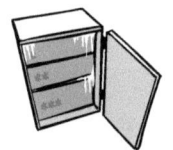

šaldiklis

congelador

kūdikių buteliukas

mamadeira

čiaupas

torneira

vonios kambarys

banheiro

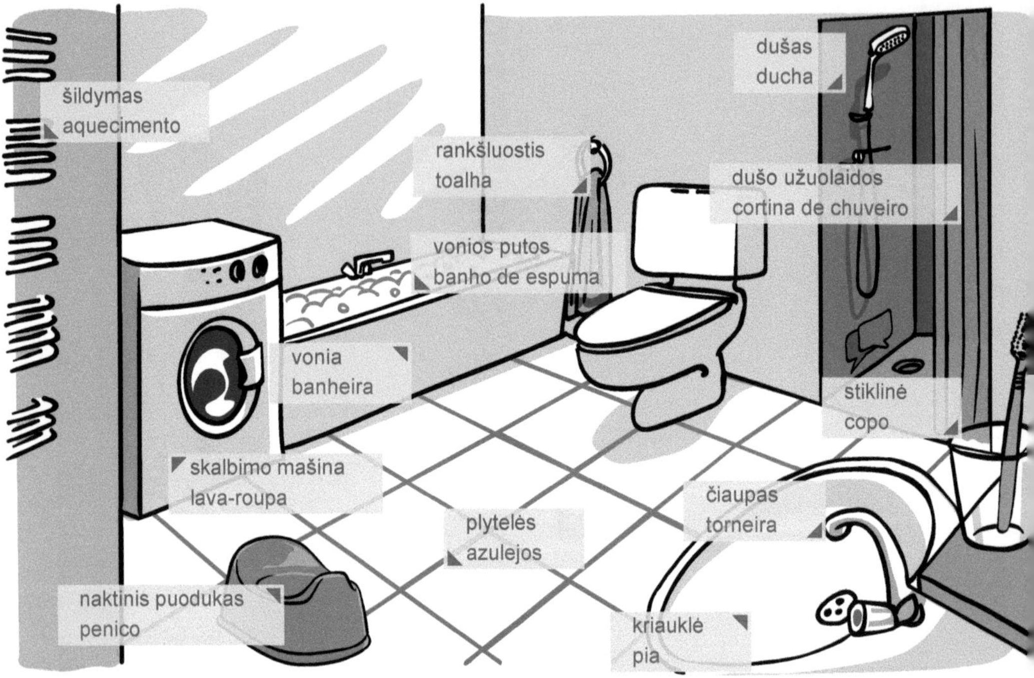
dušas
ducha
šildymas
aquecimento
rankšluostis
toalha
dušo užuolaidos
cortina de chuveiro
vonios putos
banho de espuma
vonia
banheira
stiklinė
copo
skalbimo mašina
lava-roupa
čiaupas
torneira
plytelės
azulejos
naktinis puodukas
penico
kriauklė
pia

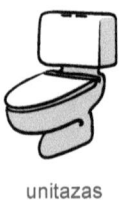

unitazas

vaso sanitário

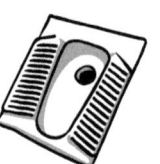

tupimasis unitazas

lavabo de agachar

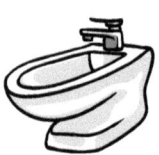

bidė

bidê

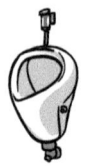

pisuaras

mictório

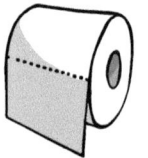

tualetinis popierius

papel higiênico

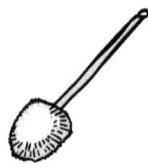

unitazo šepetys

escova de privada

dantų šepetėlis

escova de dentes

dantų pasta

pasta de dentes

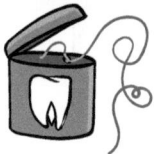

dantų siūlas

fio dental

plauti

lavar

dušo galvutė

ducha de mão

higieninis dušas

ducha íntima

praustuvas

bacia

nugaros plaušinė

escova para as costas

muilas

sabonete

dušo želė

gel de banho

šampūnas

xampu

plaušinė

toalha de rosto

kanalizacija

escoamento

kremas

creme

dezodorantas

desodorante

veidrodis
espelho

veidrodėlis
espelho de mão

skustuvas
barbeador

skutimosi putos
espuma de barbear

losjonas po skutimosi
loção pós-barba

šukos
pente

šepetys
escova

plaukų džiovintuvas
secador de cabelo

plaukų lakas
spray de cabelo

makiažas
maquiagem

lūpdažis
batom

nagų lakas
esmalte de unhas

vata
algodão

žirklutės nagams
tesoura para unhas

kvepalai
perfume

maišelis skalbiniams

nécessaire

taburetė

banquinho

svarstyklės

balança

chalatas

roupão de banho

guminės pirštinės

luvas de borracha

tamponas

absorvente interno

higieninis įklotas

absorvente íntimo

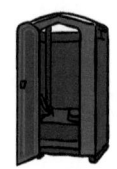

biotualetas

banheiro químico

vaiko kambarys
quarto de criança

žadintuvas
despertador
pliušinis žaislas
boneco de pelúcia
žaislinė mašinėlė
carrinho de brinquedo
barškutis
chacoalho
lėlės namelis
casa de bonecas
dovana
presente

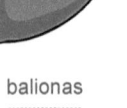

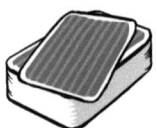

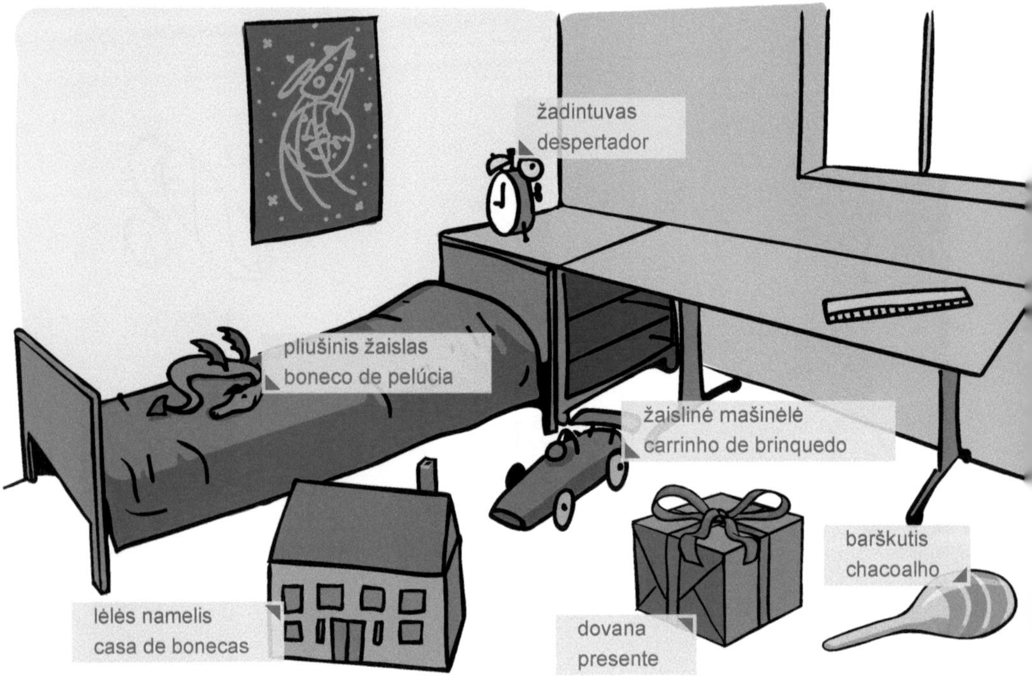

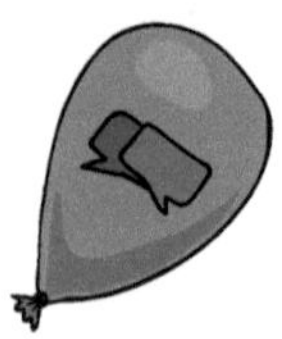

balionas

balão

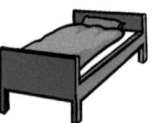

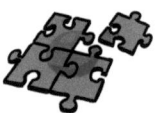

lova

cama

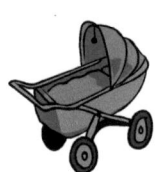

vaikiškas vežimėlis

carrinho de bebê

kortų malka

jogo de cartas

delionė

quebra-cabeças

komiksai

revista de quadrinhos

lego kaladėlės

peças de Lego

žaislinės kaladėlės

blocos de construção

figūrėlė

figura de ação

šliaužtinukai

macaquinho de bebê

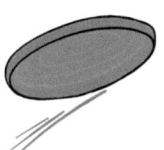

mėtymo lėkštė

frisbee

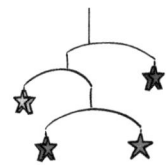

karuselė

móbile para bebé

stalo žaidimas

jogo de tabuleiro

kauliukai

dados

žaislinis traukinys

trenzinho elétrico

žindukas

chupeta

vakarėlis

festa

paveiksliukų knygelė

livro ilustrado

kamuolys

bola

lėlė

boneca

žaisti

brincar

smėlio dėžė

caixa de areia

sūpynės

balanço

žaislai

brinquedos

žaidimų konsolė

videogame

triratukas

triciclo

meškiukas

ursinho de pelúcia

drabužių spinta

guarda-roupa

drabužis
vestuário

kojinės

meias

kojinės virš kelių

meias pelo joelho

pėdkelnės

meias-calças

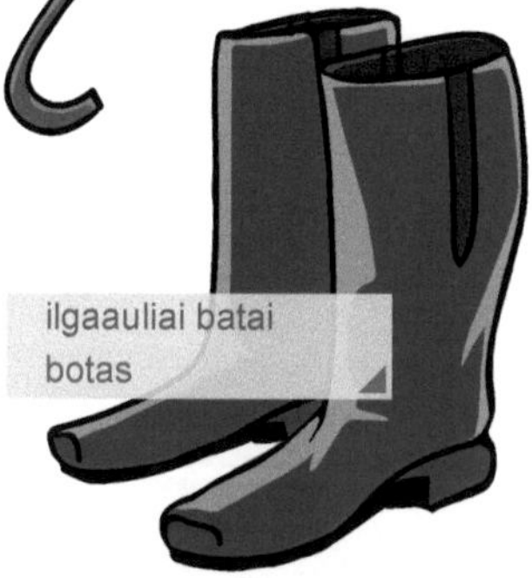

šalikas
cachecol

diržas
cinto

skėtis
guarda-chuva

marškinėliai
camiseta

ilgaauliai batai
botas

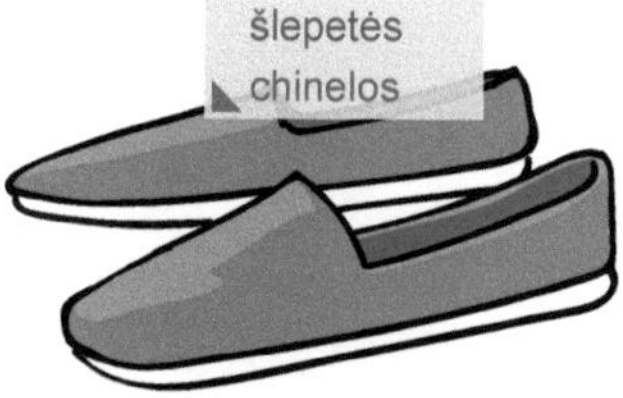

šlepetės
chinelos

sportbačiai
tênis

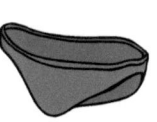

sandalai
....
sandálias

batai
....
sapatos

guminiai batai
....
botas de borracha

trumpikės
....
roupa de baixo

liemenėlė
....
sutiã

liemenė
....
camiseta de baixo

glaustinukė

body

kelnės

calças

džinsai

jeans

sijonas

saia

palaidinė

blusa

marškiniai

camisa

megztinis

pulôver

megztinis su gobtuvu

suéter com capuz

švarkelis

blazer

švarkas

jaqueta

paltas

casaco

lietpaltis

gabardine

kostiumas

traje

suknelė

vestido

vestuvinė suknelė

vestido de casamento

kostiumas

terno

naktiniai marškiniai

camisola

pižama

pijama

saris

sari

skarelė

lenço de cabeça

tiurbanas

turbante

burka

burca

kaftanas

cafetã

abaja

abaya

maudymosi kostiumėlis

maiô

glaudės

sunga

šortai

shorts

sportinis kostiumas

roupa de treino

prijuostė

avental

pirštinės

luvas

saga
botão

akiniai
óculos

apyrankė
pulseira

vėrinys
colar

žiedas
anel

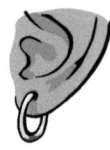

auskaras
brinco

kepurė
boné

pakabas
cabide

skrybėlė
chapéu

kaklaraištis
gravata

užtrauktukas
zíper

šalmas
capacete

breketai
suspensórios

mokyklinė uniforma
uniforme escolar

uniforma
uniforme

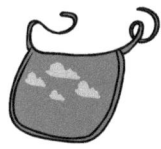

seilinukas

babador

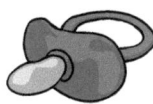

žindukas

chupeta

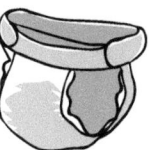

vystyklai

fralda

biuras

escritório

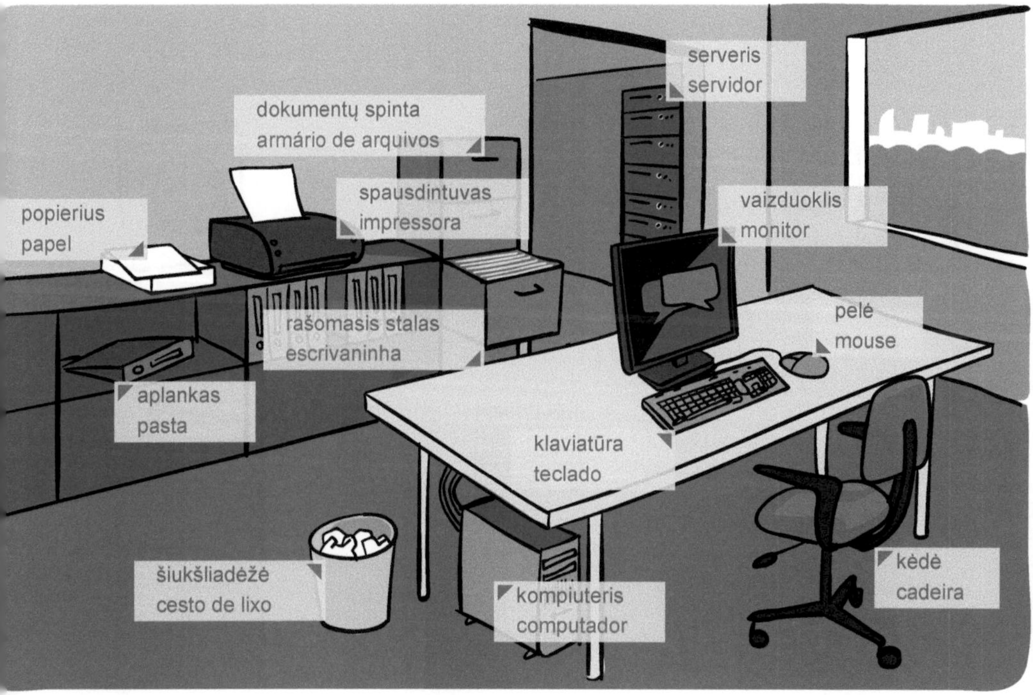

serveris
servidor
dokumentų spinta
armário de arquivos
spausdintuvas
impressora
popierius
papel
vaizduoklis
monitor
pelė
mouse
rašomasis stalas
escrivaninha
aplankas
pasta
klaviatūra
teclado
šiukšliadėžė
cesto de lixo
kompiuteris
computador
kėdė
cadeira

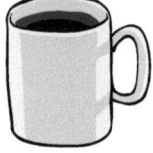

kavos puodelis

xícara de café

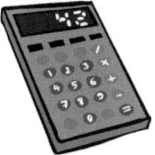

kalkuliatorius

calculadora

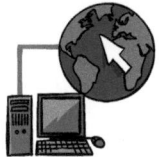

internetas

internet

nešiojamasis kompiuteris
....
laptop

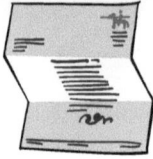

laiškas
....
carta

žinutė
....
mensagem

mobilusis telefonas
....
celular

tinklas
....
rede

fotokopijavimo aparatas
....
copiadora

programinė įranga
....
software

telefonas
....
telefone

kištukinis lizdas
....
tomada

faksas
....
fax

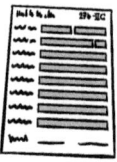

forma
....
formulário

dokumentas
....
documento

pirkti

comprar

mokėti

pagar

prekiauti

negociar

pinigai

dinheiro

doleris

Dólar

euras

Euro

jena

Yen

rublis

rublo

Šveicarijos frankas

franco suíço

juanis

renminbi yuan

rupija

rupia

bankomatas

caixa eletrônico

valiutos keitykla

casa de câmbio

auksas

ouro

sidabras

prata

nafta

petróleo

energija

energia

kaina

preço

sutartis

contrato

mokestis

imposto

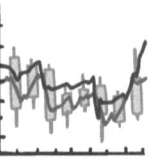

akcijos

ação

dirbti

trabalhar

darbuotojas

empregado

darbdavys

empregador

gamykla

fábrica

parduotuvė

loja

profesijos
profissões

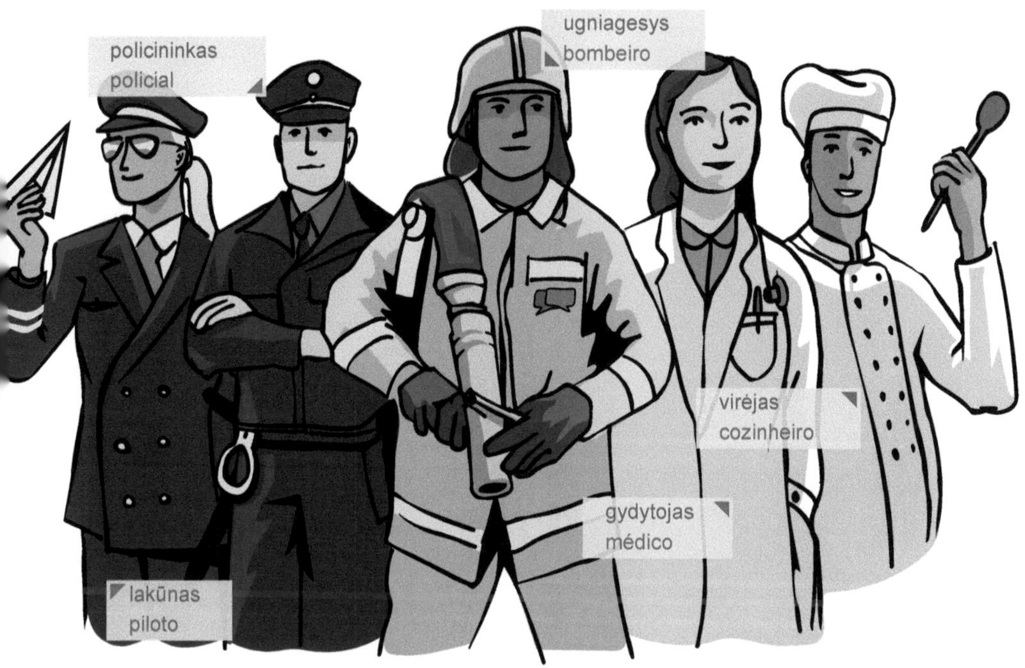

policininkas
policial
ugniagesys
bombeiro
virėjas
cozinheiro
gydytojas
médico
lakūnas
piloto

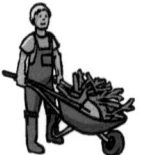

sodininkas

jardineiro

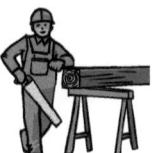

stalius

marceneiro

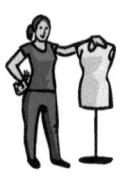

siuvėja

costureira

teisėjas

juiz

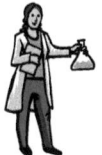

chemikas

químico

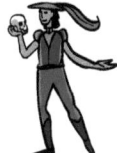

aktorius

ator

autobuso vairuotojas

motorista de ônibus

taksi vairuotojas

motorista de táxi

žvejys

pescador

valytoja

faxineira

stogdengys

telhador

padavėjas

garçom

medžiotojas

caçador

dailininkas

pintor

kepėjas

padeiro

elektrikas

eletricista

statybininkas

construtor

inžinierius

engenheiro

mėsininkas

açougueiro

santechnikas

encanador

paštininkas

carteiro

kareivis

soldado

architektas

arquiteto

kasininkas

caixa

gėlininkas

florista

kirpėjas

cabelereiro

konduktorius

condutor

mechanikas

mecânico

kapitonas

capitão

odontologas

dentista

mokslininkas

cientista

rabinas

rabino

imamas

imam

vienuolis

monge

kunigas

pastor

įrankiai
ferramentas

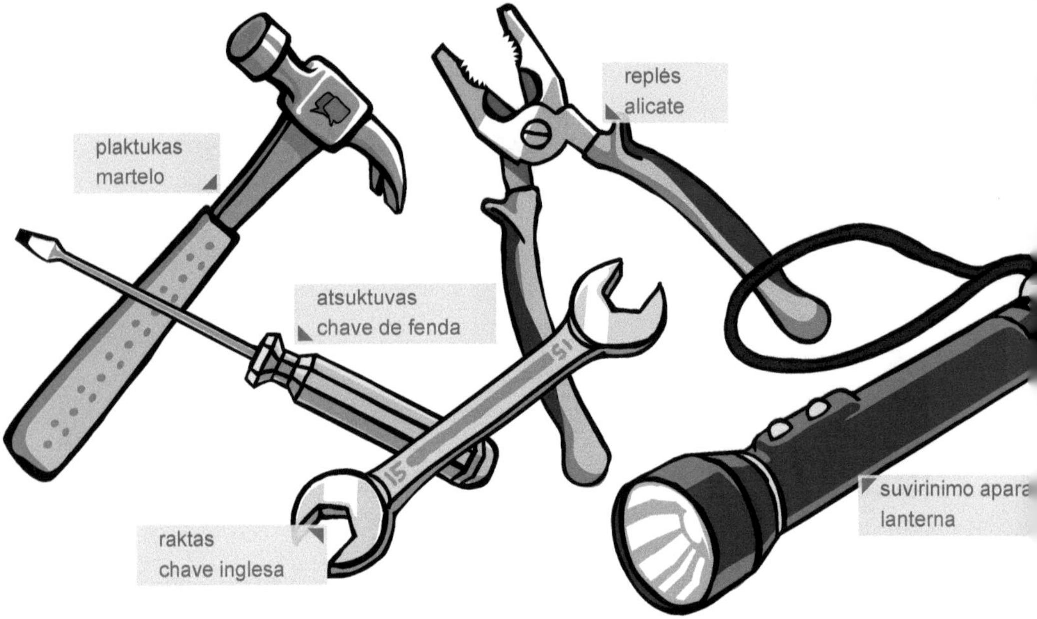

plaktukas
martelo
replės
alicate
atsuktuvas
chave de fenda
suvirinimo apara
lanterna
raktas
chave inglesa

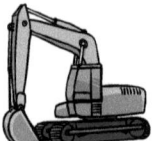

ekskavatorius

escavadora

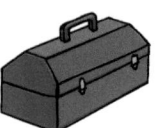

įrankių dėžė

caixa de ferramentas

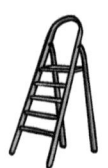

kopėčios

escada de mão

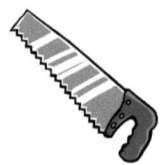

pjūklas

serra

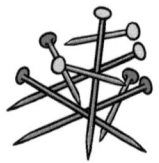

vinys

pregos

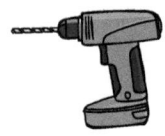

grąžtas

furadeira

taisyti

consertar

kastuvas

pá

Velniava!

Droga!

semtuvėlis

pá de lixo

dažų skardinė

pote de tinta

varžtai

parafusos

muzikos instrumentai

instrumentos musicais

garsiakalbis
alto-falante

būgnų rinkinys
bateria

gitara
guitara

kontrabosas
contrabaixo

trimitas
trompete

pianinas

piano

smuikas

violino

bosinė gitara

baixo

timpanas

timbales

būgnai

tambor

sintezatorius

teclado

saksofonas

saxofone

fleita

flauta

mikrofonas

microfone

zoo

įėjimas
entrada

tigras
tigre

narvas
gaiola

zebras
zebra

gyvūnų pašaras
ração animal

panda
panda

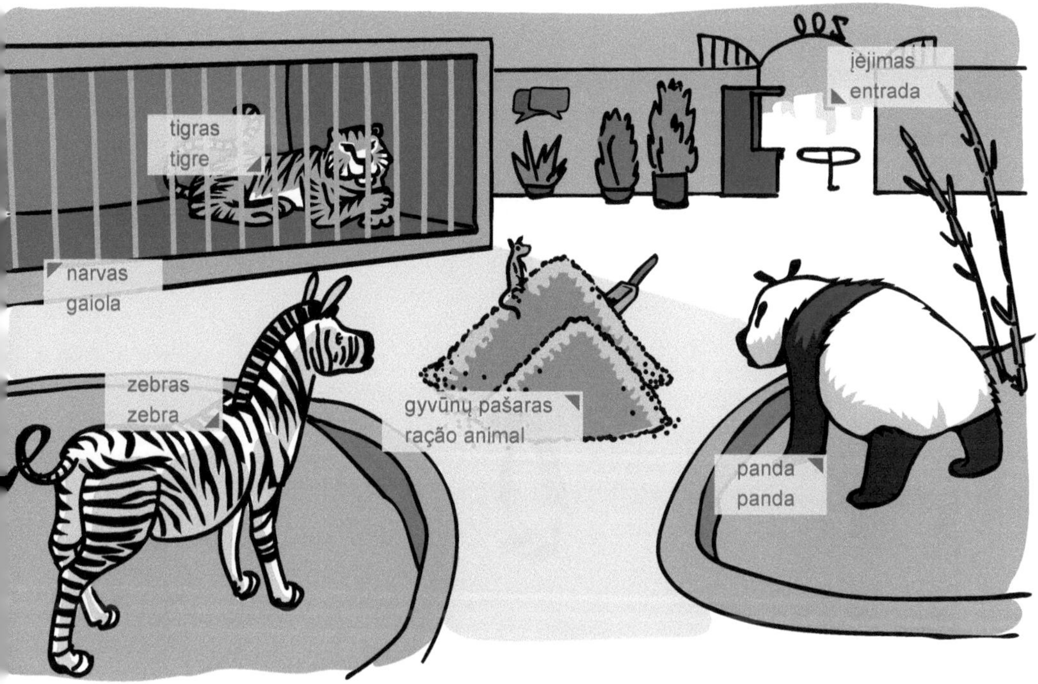

gyvūnai
....
animais

dramblys
....
elefante

kengūra
....
canguru

raganosis
....
rinoceronte

gorila
....
gorila

meška
....
urso

kupranugaris

camelo

strutis

avestruz

liūtas

leão

beždžionė

macaco

flamingas

flamingo

papūga

papagaio

baltoji meška

urso polar

pingvinas

pinguim

ryklys

tubarão

povas

pavão

gyvatė

cobra

krokodilas

crocodilo

zoologijos sodo prižiūrėtojas

guarda do zoológico

ruonis

foca

jaguaras

jaguar

ponis

pônei

leopardas

leopardo

begemotas

hipopótamo

žirafa

girafa

erelis

águia

šernas

javali

žuvis

peixe

vėžlys

tartaruga

vėplys

morsa

lapė

raposa

gazelė

gazela

amerikietiškas futbolas
futebol americano

dviračių sportas
ciclismo

tenisas
tênis

krepšinis
basquete

plaukimas
natação

boksas
boxe

ledo ritulys
hóquei no gelo

futbolas
futebol

badmintonas
badminton

atletika
atletismo

rankinis
handebol

slidinėjimas
esqui

polas
polo

juoktis
rir

šokinėti
pular

apkabinti
abraçar

vaikščioti
andar

dainuoti
cantar

svajoti
sonhar

melstis
rezar

bučiuoti
beijar

rašyti
escrever

piešti
desenhar

rodyti
mostrar

stumti
empurrar

duoti
dar

imti
tomar

turėti

ter

daryti

fazer

būti

ser

stovėti

ficar de pé

bėgti

correr

traukti

puxar

mesti

jogar

kristi

cair

meluoti

deitar

laukti

esperar

nešti

carregar

sėdėti

sentar

rengtis

vestir

miegoti

dormir

pabusti

despertar

žiūrėti

olhar para

verkti

chorar

glostyti

acariciar

šukuoti

pentear

kalbėti

falar

suprasti

entender

paklausti

perguntar

klausytis

ouvir

gerti

beber

valgyti

comer

tvarkytis

arrumar

mylėti

amar

gaminti

cozinhar

vairuoti

dirigir

skristi

voar

buriuoti

velejar

skaičiuoti

calcular

skaityti

ler

mokytis

aprender

dirbti

trabalhar

vesti

casar

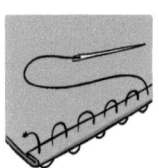

siūti

costurar

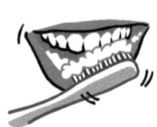

valytis dantis

escovar os dentes

žudyti

matar

rūkyti

fumar

siųsti

enviar

senelė
avó

senelis
avô

tėvas
pai

motina
mãe

kūdikis
bebê

dukra
filha

sūnus
filho

svečias

convidado

teta

tia

dėdė

tio

brolis

irmão

sesuo

irmã

kūnas

corpo

kakta
testa
akis
olho
petys
ombro
pirštas
dedo
veidas
rosto
smakras
queixo
plaštaka
mão
koja
perna
krūtinė
peito
ranka
braço

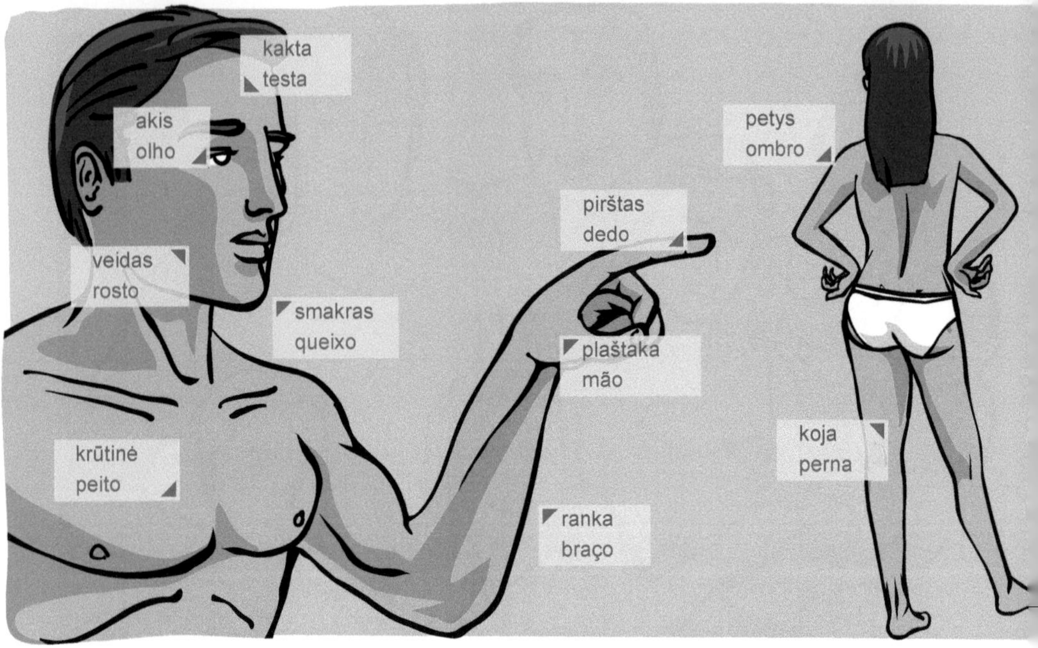

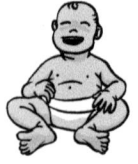

kūdikis

bebê

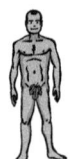

vyras

homem

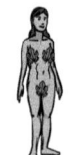

moteris

mulher

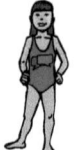

mergaitė

menina

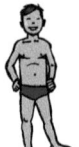

berniukas

menino

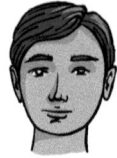

galva

cabeça

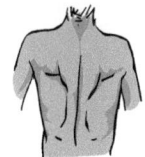

nugara

costas

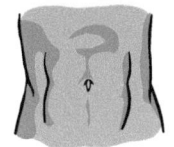

pilvas

barriga

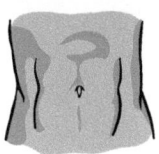

bamba

umbigo

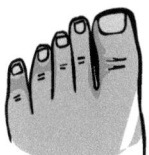

kojos pirštas

dedo do pé

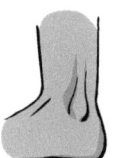

kulnas

calcanhar

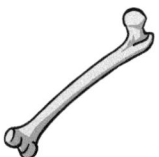

kaulas

osso

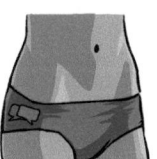

klubas

anca

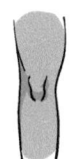

kelis

joelho

alkūnė

cotovelo

nosis

nariz

sėdmenys

nádegas

oda

pele

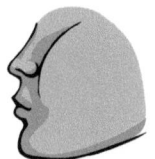

skruostas

bochecha

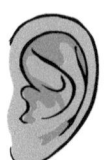

ausis

orelha

lūpa

lábio

burna

boca

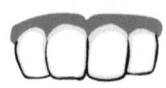

dantis

dente

liežuvis

língua

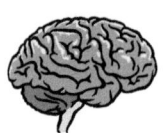

smegenys

cérebro

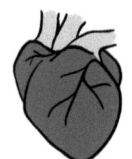

širdis

coração

raumuo

músculo

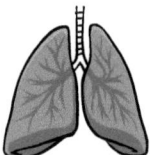

plaučiai

pulmão

kepenys

fígado

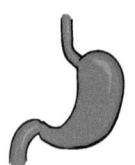

skrandis

estômago

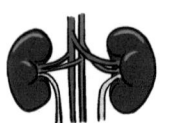

inkstai

rins

seksas

relações sexuais

prezervatyvas

preservativo

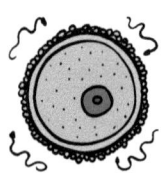

kiaušialąstė

óvulo

sperma

esperma

nėštumas

gravidez

kūnas - corpo

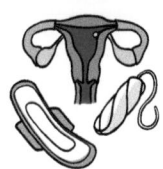

menstruacijos

menstruação

makštis

vagina

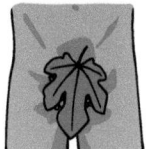

varpa

pênis

antakis

sobrancelha

plaukai

cabelo

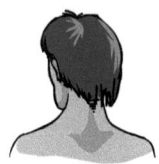

kaklas

pescoço

ligoninė
hospital

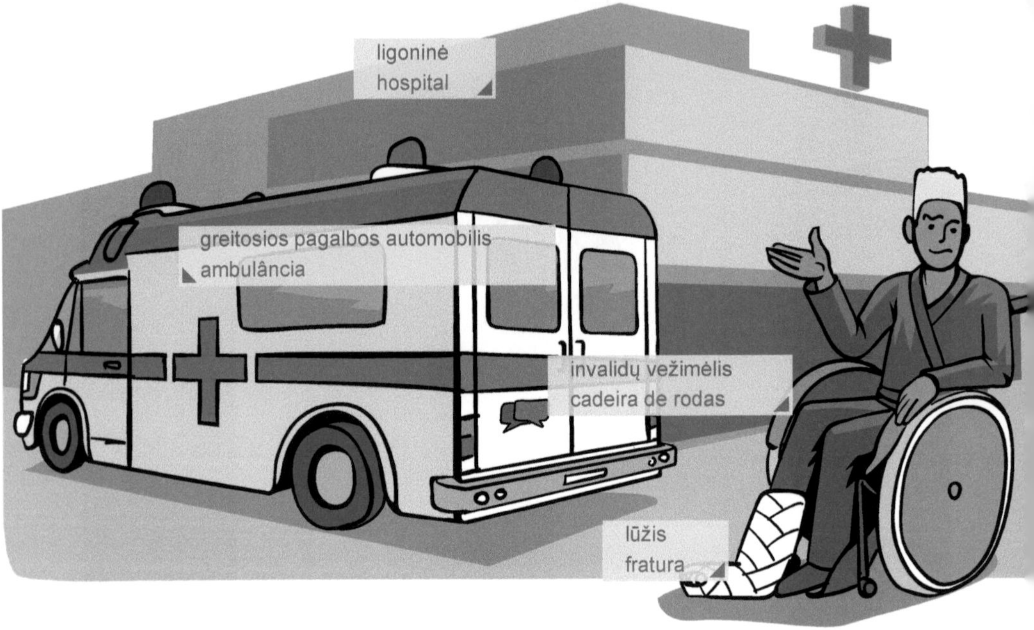

ligoninė
hospital
greitosios pagalbos automobilis
ambulância
invalidų vežimėlis
cadeira de rodas
lūžis
fratura

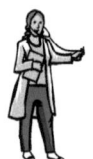

gydytojas

médico

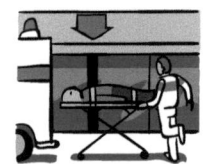

skubios pagalbos skyrius

pronto-socorro

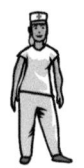

slaugytoja

enfermeira

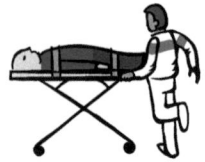

nelaimingas atsitikimas

emergência

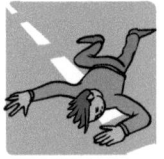

be sąmonės

inconsciente

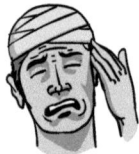

skausmas

dor

sužalojimas

ferimento

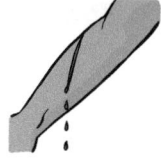

kraujavimas

hemorragia

širdies smūgis

ataque cardíaco

insultas

acidente vacular cerebral

alergija

alergia

kosulys

tosse

karščiavimas

febre

gripas

gripe

viduriavimas

diarreia

galvos skausmas

dor de cabeça

vėžys

câncer

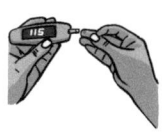

diabetas

diabetes

chirurgas

cirurgião

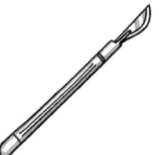

skalpelis

bisturi

operacija

operação

KT
CT

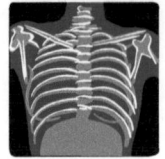

rentgenas
raio x

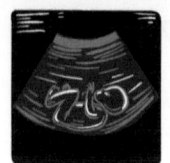

ultragarsas
ultrassom

veido kaukė
máscara

liga
doença

laukiamasis
sala de espera

ramentas
muleta

gipsas
bandeide

tvarstis
ligadura

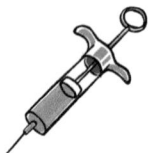

injekcija
injeção

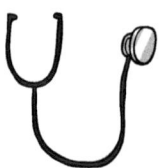

stetoskopas
estetoscópio

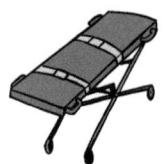

neštuvai
maca

termometras
termômetro

gimimas
nascimento

antsvoris
excesso de peso

klausos aparatas

aparelho auditivo

dezinfekavimo priemonė

desinfetante

infekcija

infecção

virusas

vírus

ŽIV / AIDS

HIV / AIDS

vaistas

medicamento

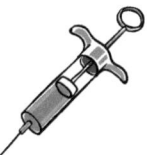

skiepijimas

vacinação

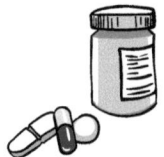

tabletės

comprimidos

piliulė

pílula

skubios pagalbos numeris

chamada de emergência

kraujospūdžio matuoklis

dispositivo de medição de
pressão arterial

ligotas / sveikas

doente / saudável

Padėkite!

Socorro!

pavojaus signalas

alarme

užpuolimas

assalto

ataka

ataque

pavojus

perigo

avarinis išėjimas

saída de emergência

Gaisras!

Fogo!

gesintuvas

extintor de incêndios

nelaimingas atsitikimas

acidente

pirmosios pagalbos rinkinys

maleta de primeiros
socorros

SOS

SOS

policija

polícia

Europa

Europa

Šiaurės Amerika

América do Norte

Pietų Amerika

América do Sul

Afrika

África

Azija

Ásia

Australija

Austrália

Atlanto vandenynas

Atlântico

Ramusis vandenynas

Pacífico

Indijos vandenynas

Oceano Índico

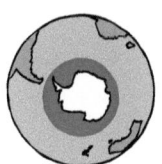

Pietų vandenynas

Oceano Antártico

Arkties vandenynas

Oceano Ártico

Šiaurės ašigalis

Polo Norte

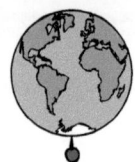

Pietų ašigalis

Polo Sul

Antarktida

Antártica

Žemė

Terra

sausuma

terra

jūra

mar

sala

ilha

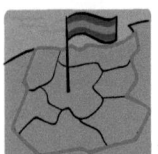

tauta

nação

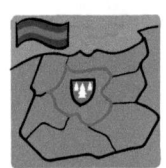

valstybė

estado

ciferblatas

mostrador do relógio

valandinė rodyklė

ponteiro das horas

minutinė rodyklė

ponteiro dos minutos

sekundinė rodyklė

ponteiro dos segundos

Kiek valandų?

Que horas são?

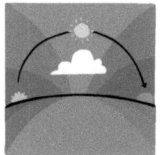

diena

dia

laikas

tempo

dabar

agora

skaitmeninis laikrodis

relógio digital

minutė

minuto

valanda

hora

savaitė
semana

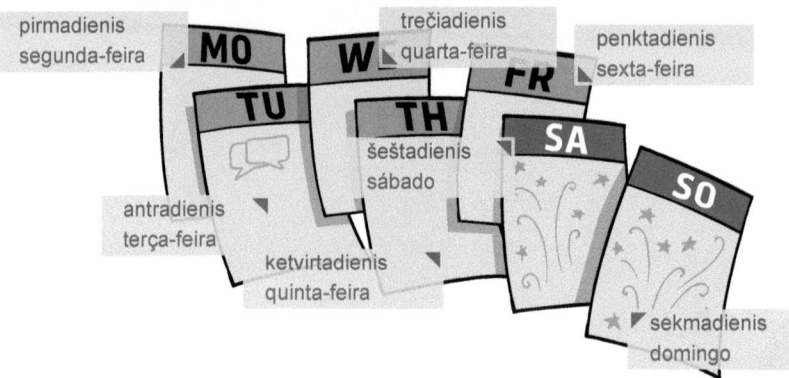

pirmadienis
segunda-feira

trečiadienis
quarta-feira

penktadienis
sexta-feira

šeštadienis
sábado

antradienis
terça-feira

ketvirtadienis
quinta-feira

sekmadienis
domingo

vakar

ontem

šiandien

hoje

rytoj

amanhã

rytas

manhã

vidurdienis

meio-dia

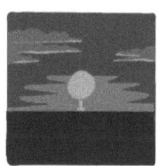

vakaras

entardecer

darbo dienos

dias úteis

savaitgalis

fim de semana

metai

ano

lietus
chuva
vaivorykštė
arco-íris
sniegas
neve
vėjas
vento
pavasaris
primavera
ruduo
outono
vasara
verão
žiema
inverno

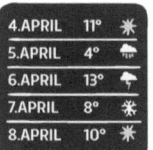

4.APRIL 11°
5.APRIL 4°
6.APRIL 13°
7.APRIL 8°
8.APRIL 10°

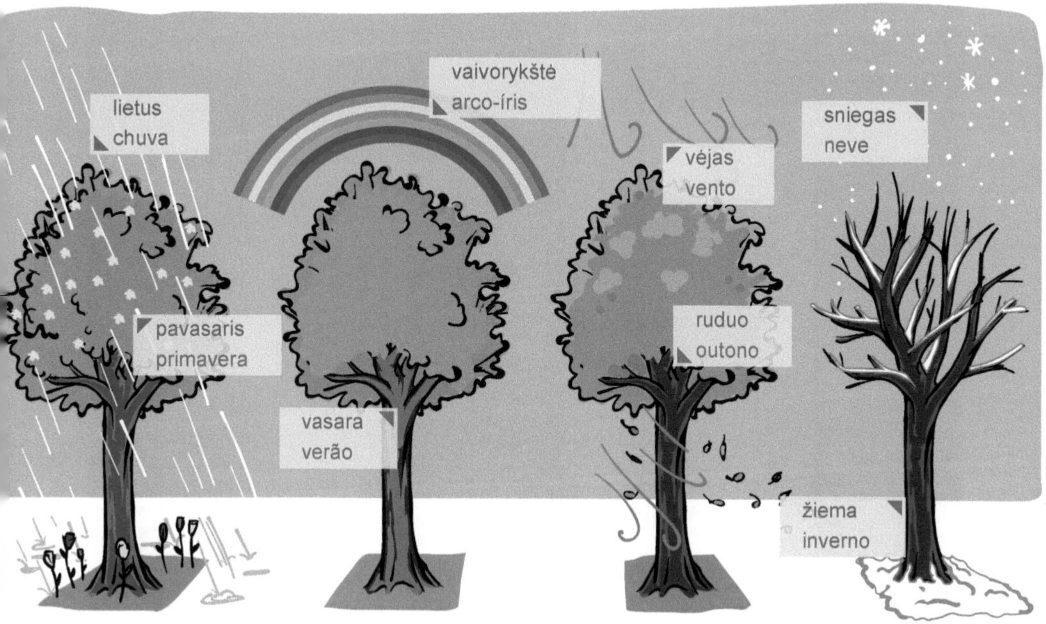

orų prognozė
previsão do tempo

F C
120 40
90 30
60 20
30 10
0 0
-30 -10
-20

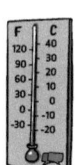

lauko termometras
termômetro

saulės šviesa
raio de sol

debesis
nuvem

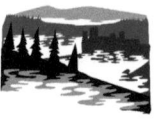

rūkas
neblina / nevoeiro

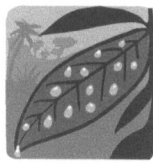

drėgmė
umidade do ar

žaibas

relâmpago

griaustinis

trovão

audra

tempestade

kruša

granizo

musonas

monção

potvynis

inundação

ledas

gelo

sausis

janeiro

vasaris

fevereiro

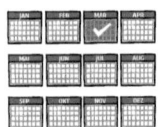

kovas

março

balandis

abril

gegužė

maio

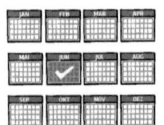

birželis

junho

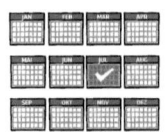

liepa

julho

rugpjūtis

agosto

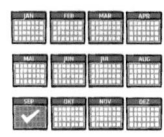

rugsėjis
....
setembro

spalis
....
outubro

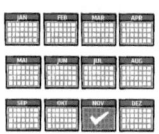

lapkritis
....
novembro

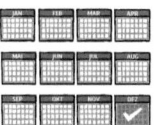

gruodis
....
dezembro

formos

formas

apskritimas
....
círculo

kvadratas
....
quadrado

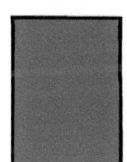

stačiakampis
....
retângulo

trikampis
....
triângulo

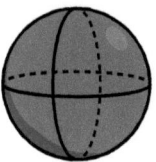

sfera
....
esfera

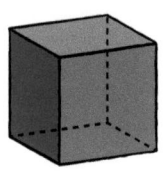

kubas
....
cubo

balta

branco

geltona

amarelo

oranžinė

laranja

rožinė

rosa

raudona

vermelho

violetinė

lilás

mėlyna

azul

žalia

verde

ruda

marrom

pilka

cinza

juoda

preto

daug / mažai

muito / pouco

piktas / ramus

furioso / tranquilo

gražus / bjaurus

lindo / feio

pradžia / pabaiga

começo / fim

didelis / mažas

grande / pequeno

šviesus / tamsus

claro / escuro

brolis / sesuo

irmão / irmã

švarus / purvinas

limpo / sujo

užbaigtas / neužbaigtas

completo / incompleto

diena / naktis

dia / noite

miręs / gyvas

morto / vivo

platus / siauras

largo / estreito

valgomas / nevalgomas

comestível / não comestível

piktas / malonus

mau / gentil

linksmas / nuobodus

entusiasmado / entediado

storas / plonas

gordo / magro

pirmiausia / paskiausia

primeiro / último

draugas / priešas

amigo / inimigo

pilnas / tuščias

cheio / vazio

kietas / minkštas

duro / macio

sunkus / lengvas

pesado / leve

alkis / troškulys

fome / sede

ligotas / sveikas

doente / saudável

nelegalus / legalus

ilegal / legal

protingas / kvailas

inteligente / idiota

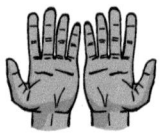

kairė / dešinė

esquerda / direita

arti / toli

perto / longe

naujas / naudotas

novo / usado

niekas / kažkas

nada / alguma coisa

senas / jaunas

velho / jovem

įjungta / išjungta

ligado / desligado

atidaryta / uždaryta

aberto / fechado

tylus / garsus

baixo / alto

turtingas / vargšas

rico / pobre

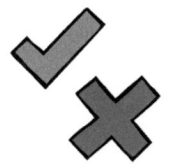

teisus / neteisus

certo / errado

šiurkštus / švelnus

áspero / liso

liūdnas / laimingas

triste / feliz

trumpas / ilgas

curto / longo

lėtas / greitas

lento / rápido

drėgnas / sausas

molhado / seco

šiltas / šaltas

ameno / fresco

karas / taika

guerra / paz

0	**1**	**2**
nulis	vienas	du
zero	um	dois

3	**4**	**5**
trys	keturi	penki
três	quatro	cinco

6	**7**	**8**
šeši	septyni	aštuoni
seis	sete	oito

9	**10**	**11**
devyni	dešimt	vienuolika
nove	dez	onze

12

dvylika

doze

13

trylika

treze

14

keturiolika

quatorze

15

penkiolika

quinze

16

šešiolika

dezesseis

17

septyniolika

dezessete

18

aštuoniolika

dezoito

19

devyniolika

dezenove

20

dvidešimt

vinte

100

šimtas

cem

1.000

tūkstantis

mil

1.000.000

milijonas

milhão

anglų

inglês

amerikiečių anglų

inglês americano

kinų (mandarinų)

chinês mandarim

hindi

hindi

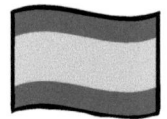

ispanų

espanhol

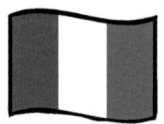

prancūzų

francês

arabų

árabe

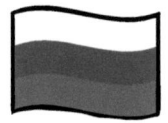

rusų

russo

portugalų

português

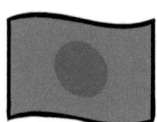

bengalų

bengalês

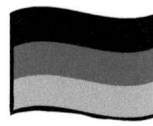

vokiečių

alemão

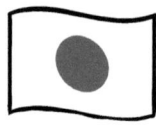

japonų

japonês

aš
eu

tu
você

jis / ji
ele / ela

mes
nós

jūs
vocês

jie
eles / elas

kas?
quem?

ką?
O quê?

kaip?
como?

kur?
onde?

kada?
Quando?

vardas
nome

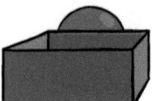

už
....
atrás

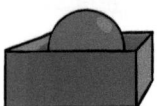

kur (vieta)
....
em

priešais
....
na frente de

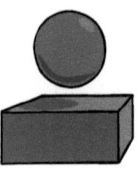

virš
....
sobre

ant
....
em cima

po
....
debaixo

prie
....
do lado

tarp
....
entre

vieta
....
lugar